AF578455

Necesito
un
NOMBRE NUEVO

Carlos García

Necesito un NOMBRE NUEVO

Editora
Poetas de la Era

Primera edición
EDITORA POETAS DE LA ERA

Agosto 2024

ISBN: 978-9945-9446-3-1

©Carlos García
Necesito un NOMBRE NUEVO

Todos los derechos reservados conforme a la ley. Queda prohibida la reproducción total o parcial de esta publicación, por cualquier medio o procedimiento, sin la autorización previa, expresa y por escrito del autor. Toda forma de utilización no autorizada será perseguida con lo establecido en la ley del derecho de autor.

Edición al cuidado del autor.

Diagramación:
Ludwig S. Medina

Diseño de portada:
Nayeli Rodríguez

Queda hecho el depósito conforme a lo dispuesto por la ley sobre propiedad intelectual.

Santo Domingo, Republica Dominicana

Contenido

Este libro está dedicado a todo aquel ser humano que tiene nombre, pero necesita un nombre nuevo.

Prefacio

Más que un libro, quiero que veas este manual como una guía que te va a orientar y a instruir de cual debe ser tu nombre a partir de ahora, cómo seleccionar el nombre de tus hijos y como debes descubrir tu asignación en la tierra, pero no te preocupes si aún no conoces tu designación, y mucho menos si aún no sabes el significado de tu nombre, porque las instrucciones que vas a encontrar en esta maravillosa guía te van a iluminar de tal manera que vas a comprender cuál es tu verdadero nombre, de dónde vienes, a qué viniste y para dónde vas, bueno... Por lo menos fue lo que se me ocurrió.

Introducción

"Y el Señor Dios formó de la tierra todo animal del campo y toda ave del cielo, y los trajo al hombre para ver cómo los llamaría. Como el hombre llamó a cada ser viviente, ese fue su nombre.".

Al principio de toda la creación Dios le ordenó al primer hombre asignarle nombre a todo lo creado, puesto que todo lo que existe necesita un nombre que lo identifique.

La facultad que se le dio al hombre desde el cielo para asignar un nombre no debe ser considerado como un invento social, ni como un juego de azar, ni mucho menos una ilusión, en cambio, es una inspiración divina dada por el mismo creador, fijando al hombre como administrador de todo lo creado, entonces… dejando este punto claro sobre esa facultad dada al ser humano para sellar, asignar, designar y marcar el destino sobre todas las cosas existentes; destacando que el mismo ser humano por igual necesita un nombre, pero no necesariamente el que le colocaron sus padres al nacer, sino que cada ser humano necesita un nombre nuevo.

Estoy muy agradecido por El Señor Jesucristo, quien me ha iluminado sobre estos conocimientos, también quiero agradecer a todos los escritores que han aportado y me han ayudado a aprender estas verdades. Agradezco a Dios por el privilegio de poder compartirlas con usted.

Concepto, origen y significado de la palabra "nombre"

Antes de iniciar un recóndito estudio sobre el origen y el significado de la palabra nombre, es necesario conceptualizar para descifrar y descubrir lo místico y oculto en la marca que está impregnada sobre cada ser humano que es su nombre.

- Según el diccionario Panhispánico, el nombre es una designación oficial de una persona, compuesta del nombre propiamente dicho y del apellido o apellidos, que la individualiza frente a las otras en la convivencia social.
- *Domínguez Martínez* define al nombre como "el conjunto de vocablos, el primero opcional y los segundos por filiación, mediante los cuales una persona física es individualizada e identificada por el Estado y en sociedad" (Domínguez, 2006, p. 254).
- *De Pina*, lo conceptualiza indicando que "es el signo que distingue a una persona de las demás en sus relaciones jurídicas y sociales" (De Pina, 2000, p. 210).

- *Lacavex*, indica que puede tener dos acepciones. En sentido restringido se refiere únicamente al nombre propio y en un sentido amplio, se refiere al conjunto de vocablos formado por el nombre o nombres de pila y los apellidos" (Lacavex, 2002).
- Según el diccionario bíblico de Kadosh

Hay una relación directa entre el nombre y la persona o cosa nombrada; el nombre participa de alguna manera en la esencia que tiene por objeto revelar. Expresa la personalidad hasta tal punto que el conocimiento del nombre de alguien implica conocerlo íntimamente e, incluso en cierto sentido, tener poder sobre él. Jacob pregunta el nombre al ángel de Jehová: «Declárame ahora tu nombre.» Su respuesta es: «¿Por qué me preguntas por mi nombre?» (Gn. 32:29; cfr. Jue. 13:17-18). En el momento de llevar a cabo grandes actos redentores, YAHWEH ELOHIM hace comprender a Moisés que se va a revelar no sólo ya como el Todopoderoso, sino «en mi nombre JEHOVÁ» (Éx. 6:3). Así, el nombre hace también próxima la presencia de la persona: no se puede resistir al ángel de Jehová, pues el nombre de YAHWEH ELOHIM está en él (Éx. 23:21). El santuario donde YAHWEH ELOHIM es adorado es sagrado, pues allí hace morar Su nombre (Dt. 12:11). Yeshuáh dice al Padre que Él había «manifestado (su) nombre a los hombres» (Jn. 17:6), es decir, toda Su naturaleza divina. Juan nos habla de Cristo, a fin de que al creer tengamos vida en Su nombre (Jn. 20:31). El nombre pronunciado actúa con el mismo poder que la persona (Hch. 3:16; 4:10,

12, etc.) y el nombre del Salvador está, por definición, por encima de todo otro nombre (Ef. 1:21).

1. Sentido y elección del nombre.

- El nombre de las personas humanas se corresponde con la misma concepción. En la Biblia no se da como en la actualidad, casi al azar (en el caso del nombre propio) o por el solo hecho de la filiación (apellido/s). En lo que sea posible, el nombre debe expresar la naturaleza del que lo lleva, y su elección queda influenciada por circunstancias del nacimiento o por un voto de los padres con respecto al hijo. Se dejaban también guiar por la asonancia general o la consonancia de las sílabas, lo que permite un acercamiento en el sentido, o una etimología popular consustancial al genio hebreo, aunque algunas veces nos sea sorprendente a nosotros. Veamos algunos nombres:
- Eva (vida, Gn. 3:20),
- Noé (reposo, Gn. 5:29),
- Isaac (risa, Gn. 17:19),
- Esaú (velloso, Gn. 25:25),
- Edom (rojo, Gn. 25:30),
- Jacob (suplantador, Gn. 25:26);
- los nombres de los hijos de Jacob comportan siempre una significación (Gn. 30);
- se puede ver también Fares (brecha, Gn. 38:29),
- Manasés (olvido, Gn. 41:51),
- Efraín (fértil, Gn. 41:52), etc.

El nombre debía ser, si era posible, de buen augurio. Raquel, moribunda debido al parto, llama a su último hijo Ben-Oni (hijo de mi dolor), pero de inmediato Jacob se lo cambia, poniéndole Benjamín (hijo de mi diestra, Gn. 35:18).

Frecuentemente, los nombres comportan un significado religioso y una mención del mismo Señor («El» para YAHWEH ELOHIM, o «Jah» para Jehová o Yahveh). De esta manera tenemos una serie de nombres compuestos, e incluso de nombres que son una corta frase:

- Natanael (YAHWEH ELOHIM ha dado),
- Jonatán (Jehová ha dado),
- Elimelec (YAHWEH ELOHIM es mi rey),
- Ezequiel (YAHWEH ELOHIM es fuerte),
- Adonías (Jehová es señor) y muchos más.
- Hay otros nombres que son sencillamente sacados de la naturaleza, o inspirados en imágenes de la vida corriente:
- Labán (blanco),
- Lea (vaca salvaje),
- Raquel (oveja),
- Tamar (palmera),
- Débora (abeja),
- Jonás (paloma),
- Tabita (gacela),
- Peninna (perla),
- Susana (lirio).

Hay nombres surgidos de circunstancias históricas:

- Icabod (sin gloria, 1 S. 4:21),
- Zorobabel (nacido en Babilonia).

El nombre parece que era impuesto al recién nacido por lo general en el octavo día de su vida, al ser circuncidado (cfr. Gn. 17:12; 21:3-4; Lc. 1:59; 2:21).

2. El cambio del nombre.

A causa del sentido sumamente personal unido al nombre, se daba en ocasiones un nombre nuevo a alguien con el fin de señalar la transformación de su carácter, cfr. p. ej.:

- Abram a Abraham,
- Sarai a Sara (Gn. 17:5-15),
- Jacob a Israel (Gn. 32:27, 28),
- Noemí a Mara (Rt. 1:20).

En ocasiones el segundo nombre es una traducción del primero:

- Cefas (aram.) Pedro (gr.),
- Tomás (aram.) Dídimo («gemelo» en gr.),
- Mesías (heb,) Cristo (gr.).

Un día todos los creyentes recibiremos un nombre nuevo adecuado a los redimidos del Señor (Ap. 3:12).

3. Apellidos.

Los apellidos no eran usuales entre los hebreos, pero se añadía una indicación de su origen:

- Yeshuáh de Nazaret,

- José de Arimatea,
- María de Magdala,
- Nahum de EIcos.

Podía ser también un patronímico:

- Simón hijo de Jonás (Bar-Jonás),
- Jacobo y Juan, hijos de Zebedeo.

También se podía hacer referencia a la profesión:

- Natán el profeta,
- José el carpintero,
- Simón el zelota,
- Mateo el publicano,
- Dionisio el areopagita.

4. Nombres romanos.

Todo romano tenía tres nombres:

(A) El «praenomen» o nombre propio, designación personal;

- (b) el «nomen», indicación de la línea o casa;
- (c) el «cognomen», nombre de familia, o apellido, que figuraba en último lugar.
- Por ejemplo:
- el procurador Félix (Hch. 23:24) se llamaba en realidad:
- Marcus (nombre propio)
- Antonius (de la gens Antonia)
- Félix (de la familia llamada Félix, «feliz»).

- Frecuentemente se omitía el nombre propio, y se hablaba de Julio César en lugar de Cayo Julio César, etc

Algunos expertos en la materia de derecho y de psicología conceptualizan la palabra nombre usando algo en común, ellos coinciden que el nombre es; designación o signo, que a su vez juegan un papel importante en mi investigación y estudio profundo sobre el nombre que llevamos. La palabra designación indica un conjunto de cualidades y características propias de una entidad o un ente en particular que por consecuencia señala un destino de una forma implícita o explícita.

En mi caso me he atrevido a definir nombre específicamente de un ser humano aplicando tres áreas que a mi parecer no pueden pasar por alto al tratarse de un concepto tan importante y de gran significado. Estas áreas que he considerado son: área espiritual, psicológica y social; esto a raíz de una de las tantas definiciones de un grupo de psicólogos sobre otro concepto que no podemos pasar por alto en esta tesis, me refiero al concepto de ¨ser humano¨, ellos afirman que: **El ser humano es un ente biopsicosocial y Espiritual**; esta definición me hace enlazar el concepto de ´´ser humano´´ con el signo que lo identifica y/o lo representa en la misma sociedad, es por eso que he llegado a la siguiente conclusión:

> "Un nombre es un distintivo que designa personalidad, carácter y destino en un ser humano".

No cabe dudas que un nombre distingue, asigna e individualiza a una persona, con respecto a la designación no hay mucho que abordar puesto que grandes investigadores de diversas ciencias del saber están de acuerdo, además se sobreentiende que los nombres son como la marca de una empresa, que hacen única dicha entidad y; por su nombre, su logo y su registro legal, es muy probable que se describa su funcionalidad, pero a su vez ninguna otra empresa ni entidad de ninguna índole podrá hacer uso de esa marca o nombre, así mismo ocurre con los seres humanos, a diferencia que en muchos casos, en muchos lugares del mundo en los seres humanos el nombre es repetitivo, a pesar que la individualidad no se repite.

Al decir que un nombre designa personalidad nos metemos en serios problemas con la genética y la psicología, ya que, dentro de las conceptualizaciones, muchos expertos sugieren que tanto la personalidad como el carácter son directamente consecuencias de los genes, del ambiente y de la cultura en donde se desarrolla el individuo.

Analicemos algunas definiciones:

Según Bermúdez (1996), define personalidad como una "organización relativamente estable de características estructurales y funcionales, innatas y adquiridas bajo las especiales condiciones de su desarrollo, que conforman el

equipo peculiar y definitorio de conducta con que cada individuo afronta las distintas situaciones".

El término personalidad se usa para establecer la unificación de todas las cogniciones, conductas y emociones que determinan la forma en que una persona se comporta. (Monserrat Fernández)

Según estas definiciones podemos constatar que la personalidad es modificable, transformada y/o renovada si se podría decir, por lo tanto, en función al nombre que se le asigne a un ser humano, este puede tener una conducta muy peculiar y apegada a lo que su nombre implica, tal vez suena extraño, y hasta místico, pero no es casualidad que un niño no nace con las mismas huellas dactilares que sus padres, no nace ni siquiera con la misma cadena desoxirribonucleico, eso en verdad es más misterioso que todo lo revelado en este texto, más que tener rasgos genéticos de los padres y comportamientos según el entorno y la cultura, debe existir algo más, debe haber otras explicaciones que hasta ahora la genética no puede responder, y que nos hace pensar y a la vez nos llena de mucha incertidumbre, pero en este libro les damos algunas respuestas contundentes de lo mencionado anteriormente.

Las huellas dactilares son características únicas y distintivas de cada individuo, determinadas principalmente por la genética y factores ambientales durante el desarrollo embrionario. Aunque los hijos heredan muchos rasgos físicos (fenotipo) y muchos rasgos genéticos (genotipo) de sus padres, incluyendo entre otras cosas, el color de ojos, tipo de cabello o altura; las huellas dactilares son

una excepción a esta regla. Es por eso que no me cabe la menor duda de que al igual que este distintivo único y exclusivo de cada ser humano, el nombre muestra características similares que individualizan y hacen exclusiva a una persona, a pesar que dicho nombre esté repetido en otros individuos.

Es importante destacar que las huellas dactilares son únicas y prácticamente irrepetibles, lo que contribuye a su utilidad en la identificación y seguridad forense. Cada individuo tiene un patrón de huellas dactilares distintivo y personalizado, incluso entre hermanos y miembros de la misma familia. Esta variabilidad es el resultado de la complejidad de los procesos biológicos y genéticos involucrados en su formación.

Si la personalidad reúne los pensamientos, las emociones y la conducta, ¿por qué los hijos no piensan cómo los padres?, ¿por qué los hijos no tienen los mismos sentimientos que los padres?, ¿Por qué los hijos no adquieren las mismas conductas de los padres?, aún con los temperamentos en muchas ocasiones difieren, eso sigue creando curiosidad, tal vez no responderé psicológicamente todo lo que realmente ocurre en la personalidad y carácter de un ser humano no como consecuencia de su descendencia ni mucho menos de su entorno sociocultural, sino directamente de su asignación que viene dada además de su descendencia genealógica, por un nombre impuesto por el creador del ser humano, una asignación envuelta en un nombre que designa, asigna y destina.

Otro aspecto que estudiamos con detalles es sobre el carácter del ser humano, veamos su definición y lo que implica en cada individuo.

Según el centro de salud Awen (Monserrat Fernández). Define carácter como un componente de la personalidad que se adquiere mediante el aprendizaje. Específicamente, a través de las experiencias de vida, las cuales modulan las tendencias biológicas y predisposiciones propias del temperamento.

Debido a que un nombre se usa para identificar a un individuo y comunicarse con él a diario, sirve como la base misma de la propia concepción de uno mismo, especialmente en relación con los demás", dice David Zhu, psicólogo de la Universidad Estatal de Arizona (EE.UU.) que investiga la psicología de los nombres.

David Zhu me da toda la razón de lo que intento explicar en esta guía, ya que él apunta que el nombre sirve como la base misma de la propia concepción de uno mismo, si es así, verdaderamente nosotros nos vemos, nos creemos, nos proyectamos y aún más, nos conducimos según el nombre que nos identifica.

Un estudio de la década de 2000 dirigido por el psicólogo estadounidense Jean Twenge descubrió que las personas a las que no les gustaba su propio nombre tienen tendencia a tener una adaptación psicológica más deficiente que los que al contrario les gusta sus nombres y se sienten cómodos e identificados.

La estructura del nombre que tenemos y que tienen nuestros hijos puede provocar disgusto, luego ese disgus-

to puede provocar una adaptación deficiente o negativa, puesto que el nombre tiene una carga espiritual que nos conduce según el significado del mismo.

Un nombre considerado negativamente puede influir de la misma manera en el desenvolvimiento de una persona en la vida, al igual si el nombre tiene un significado positivo, la influencia será positiva en aquellos individuos que portan dicho nombre.

Estas curiosidades de los nombres nos llevan a pensar que real y efectivamente existe la predestinación.

En la biblia hay muchos casos que nos muestra ese rol que se evidencia en una persona según su nombre característico, por ejemplo, (Satán) se deriva del hebreo ha-satán, que significa "el adversario", el nombre de (Jesús) viene del arameo yeshosúa que significa: "Yahvé es el salvador", del griego Iesoús y del latín Jesús, actualmente como conocemos (Jesús) proviene de una traducción griega de la forma corta aramea (Yeshu'a) , que es el verdadero nombre de Jesús y que su significado va alineado a su función y su designación en la tierra y con los seres humanos. Entre otros muchos casos más.

El origen de asignar nombres a los seres humanos se remonta a tiempos ancestrales. La práctica de dar nombres a las personas ha existido en diversas culturas y civilizaciones a lo largo de la historia, y su propósito ha variado según el contexto cultural y social.

Existen varias razones por las cuales las sociedades asignan nombres a las personas:

Identificación: Los nombres permiten identificar y distinguir a las personas individualmente. Proporcionan un medio de comunicación para referirse a alguien en particular en lugar de simplemente describir sus características físicas.

Conexión y pertenencia: Los nombres también pueden ser una forma de conexión con la familia, el linaje y la comunidad. Los apellidos, por ejemplo, suelen transmitirse de generación en generación y reflejan la herencia familiar.

Significado simbólico: Muchas culturas asignan nombres basados en su significado simbólico. Los nombres pueden tener un trasfondo religioso, cultural o histórico, y se eligen con la esperanza de que influyan de alguna manera en la vida de la persona. También pueden reflejar características deseables o cualidades aspiracionales.

Transmisión de tradiciones: Los nombres a menudo se eligen para honrar a personas o figuras importantes en la historia familiar o cultural. Esto ayuda a mantener viva la memoria y las tradiciones de generaciones anteriores.

Expresión personal: En algunos casos, los padres pueden elegir nombres que expresen su creatividad, gustos personales o preferencias culturales. Estos nombres pueden no tener un significado simbólico específico, pero son una forma de expresión individual.

Es importante tener en cuenta que las prácticas y las creencias en torno a los nombres varían ampliamente en diferentes culturas y sociedades. Lo que es considerado un nombre adecuado y significativo en una cultura puede no

serlo en otra. La elección y el significado de los nombres reflejan la diversidad y la riqueza de la experiencia humana en todo el mundo.

En algunos países, incluido México, el género de las personas no se considera y su relación con el nombre, de manera que existen hombres a los cuales sus padres les asignaron nombres que se asocian con el género femenino, por ejemplo; Guadalupe, María, Rosario, Concepción; lo mismo pasa en relación con las mujeres, así hay mujeres que se les nombró: José, Gabriel, Jesús, Rafael, etcétera; y ni mencionar aquellos nombres que se escucha como jocoso o a broma, como: Petronila, Pancracia, Anacleto, Marciano, Filomena, Zenén, Domitila, en fin, la lista es indeterminable.

La influencia de un nombre

La elección de un nombre sobre un hijo puede ser determinante en la manera de cómo influirá en el tipo de persona que podría llegar a ser.

Mi experiencia como padre me ha hecho lidiar con tres casos diferentes que casi en un cien por ciento cada caso en particular muestra características específicas acorde a lo que indica sus nombres, luego que descubrí lo que significa el nombre de cada uno de ellos, es decir, de mis tres hijos, me puse a observar y relacionar con mayor atención la conducta, la personalidad y el carácter que cada uno de ellos iba manifestando al pasar el tiempo; por ejemplo Abel; que es el mayor, él muestra una conducta de un ser humano cobarde, indefenso, dependiente de su madre, y "ñoño", claro, todo esto desde mi observación como padre, pero; como parte de sus virtudes, es dedicado, esto quiere decir que cuando le corresponde realizar una tarea toma todos los detalles en cuenta, lo hace con perfección y no a medias, no es muy solícito, pero cuando se le asigna una tarea lo hace con toda la entrega necesaria, misteriosamente esas actitudes exactamente igual se encuentran

en un personaje de la biblia que lleva el mismo nombre, segundo de los hijos de Adán y Eva, las sagradas escrituras muestra a ese personaje cómo indefenso, débil y endeble; tanto así que su muerte no tuvo resistencia ni mucho menos defensa, causada por una actitud considerada como muy positiva, el joven era dedicado a ofrecer lo mejor de sus frutos de su trabajo como ofrenda al creador, tomaba lo primero y lo de mejor calidad, tomaba en cuenta los detalles mínimos para que su ofrenda no tenga defectos ante Dios, siendo estos detalles causa de envidia por su hermano Caín y trayendo como consecuencia un desenlace fatal en esa familia; un asesinato por parte de su propio hermano. Pero qué curioso que dicho nombre tenga un significado que tanto implica en el comportamiento de mi hijo como en todas las características del personaje bíblico, como si se tratara de una transferencia de espíritu.

El segundo es Carlos David, como lo notan lleva mi primer nombre, él es un niño sin miedos, introvertido, con sentimientos fuertes, liberal en cuanto a sus propias ideas, no presta mucha atención a lo propiamente dicho por otros, lo que él considera eso es y punto, pero, se irrita por cosas que considera injustas; todas esas cualidades y características de su conducta es el enredado significado de los dos nombres que lleva como su designación, su segundo nombre (David), David proviene del hebreo Daoud o Yadad que significa "amado" o "querido", es donde entra la paradoja de la conducta extraña del niño y el amor incomparable que no solo siento como padre, sino, el cariño innegociable que le tienen sus abuelos, tíos, pri-

mos y en general todo el que le conoce le cae en una gracia tan especial que literalmente se enamoran del niño, pero no dejaré de redactar uno de los sucesos más cruciales de mi vida que llevaron a una separación con su madre y que a pesar de esa ruptura el amor y el cariño sigue un curso que se podría decir que en lugar de disminuir ha provocado crecimiento, es bastante coincidencia que David el de la biblia por igual vivía en un hogar donde se conocía con claridad su padre, pero no su madre, además no era muy reconocido en dicho hogar, en la biblia muestra que cuando el creador mando a ungir a un rey de la casa de Isaí su padre, se reunieron todos sus hijos con excepción de David, este evento muestra que no era incluido como uno de los hijos legítimos, sin embargo, quien era el seleccionado por el creador era precisamente David; el amado, el elegido, el escogido por el creador era ese joven que no era tan bien tratado por sus hermanos en su hogar, mi hijo goza de esa bienaventuranza, bien de un hogar dividido, pero el creador puso una gracia sobre el que todos los que se acercan y le conocen le precian y le aman incondicionalmente, incluyendo su papá.

Por último conoceremos a Alejandro, un niño imponente, dispuesto a las labores aún más pesadas, inquieto, atento a lo que ocurre a su alrededor, con gustos muy particulares en cuanto a su preferencia de sus diversiones y distracciones, determinado, este niño es inteligente y aprende con rapidez, más que los demás, más atrevido; pero en este caso también me llena de mucha incertidumbre conocer la estrecha relación entre su nombre y

sus cualidades y conducta su nombre proviene (del griego Αλέξανδρος, Aléxandros) es un nombre de pila masculino de origen griego que significa 'el defensor, el protector' o 'el salvador del varón', cabe decir que aunque es el más pequeño es el más atento a sus hermanos, hace excelente uso a su nombre, ya que es un defensor con todas sus fuerzas, los cuida, los protege y los defiende en cualquier cosa.

Tal vez esta muestra basada en mi observación y experimentación, que son dos cimientos de la investigación científica, realizada con mis propios hijos, tal vez sea cuestionada por el hecho de que son niños, sin embargo, considero que es la mejor investigación que he podido hacer con una conclusión acabada, por otro lado, se encuentran en una etapa sin mucha influencia de su entorno y del ambiente en los que se envuelven y por lo tanto resulta mucho más significativo considerar un estudio de su personalidad y su comportamiento para extraer con esencia lo que son en realidad y no lo que manifiestan en función a lo aprendido en su contexto y su entorno social.

En las sagradas escrituras encontramos entre otras más, una historia muy conocida sobre uno de los personajes tal vez más mencionado e influyente en el mundo religioso y reconocido como el patriarca de las tres religiones monoteístas más grandes e importantes del mundo: el judaísmo, el cristianismo y el islam; me refiero a Abraham. A este hombre Dios lo selecciona para que glorifique su nombre y a través de él bendecir por su simiente a todas las familias de la tierra, pero El Señor usa algo muy misterioso y muy curioso que inspira a un meticuloso análisis, el

creador le dice que salga de su tierra y de su parentela, de esto hago la siguiente tesis; antes del creador bendecir a alguien, impartir una asignación o una encomienda, primero lo saca de su entorno, de su ambiente de confort, si es necesario hasta lo aleja de vínculos incluyendo familiares que es muy probable que se opongan al llamado, pero lo más impactante que necesito que veamos en esta maravillosa historia es el hecho de un cambio o modificación del nombre de este hombre, es donde realmente se sella, se marca un antes y un después en la fe inquebrantable de Abraham.

> *Y no serás llamado más Abram;*
> *sino que tu nombre será Abraham [;*
> *porque yo te haré padre de multitud de*
> *naciones.*

Para el Señor creador trabajar con un hombre, evidentemente le transfiere parte de Él, si hacemos un estudio sobre este y otros casos registrados en las escrituras, nos damos cuenta de lo dicho propiamente, pero ¿cómo se puede percibir una transferencia de parte del creador con un ser humano? vamos a responder con este caso de Abram, su nombre (םהרבא) viene del hebreo “Ab” o “Aba” (הבא , בא), significa padre, pero, el creador según la misión que le encomendó, necesitaba que el entienda en su conciencia que era más que un padre, que no era simplemente un padre según su contexto histórico, Dios quería que él crea lo que se le había asignado y por eso le modificó su

nombre, dicha modificación es impactante, aunque muchos lectores de los textos sagrados lo vean como algo sin mucha importancia, tal vez hasta sin relevancia, sin embargo en mi espíritu surge algo muy elevado, porque lo que el Señor hace es adherir parte de su esencia, de su Espíritu y eso es evidente porque le agrega una de las cuatro letras con la que por primera vez se identificó cuando fue cuestionado sobre su nombre, por Moisés, El Señor le dijo que su nombre era YHWH, del cual les hablaré con más detalles en los próximos capítulos; de este nombre el creador toma una de las letras para adscribirla al nombre de Abram, sustituyéndolo por Abraham, ahora dándole un significado más orientado a lo que iba a ser en su trayectoria, (Abraham (מהרבא) viene del hebreo "Ab" o "Aba" (בא , הבא) que significa "padre" "papá" y "am" (מע) "pueblo", "Padre del pueblo", de padre a padre de pueblos o naciones es muy diferente, ahora sí, su nombre está acorde con la designación con la que el Eterno lo había marcado.

> *Te haré fecundo en gran manera, y de ti haré naciones, y de ti saldrán reyes.*

Este relato tiene mucha tela por donde cortar, y uno de los pedazos que no quiero dejar sin trozos es que, para ser más drástico, el hombre con quien se estaba acordando era muy mayor de edad y su esposa también, y esta condición lo hacía biológicamente imposibilitado para procrear hijos, y se supone que, para ser padre de pueblos, de reyes y de multitudes, por lo menos de debe contar con un

hijo o con la posibilidad para engendrar, sin embargo, no era el caso. Abraham no era ese candidato potencial para cumplir con esa promesa que el creador le había ofertado, "te haré fecundo", personalmente no juzgo la actitud de su esposa, que en ese momento lo que le dio fue solo puros deseos de reír, usted que está leyendo le doy permiso de reír también, pero bajo la doble condicional de; sí y solo si seguirás hasta el final de este libro.

Quiero que sepas que Abraham pudo engendrar y que Sarah pudo concebir, pero aún más, las palabras que el Eterno le había dado, todas se cumplieron, de este hombre salieron naciones y de su descendencia salieron muchos reyes de la tierra, haciendo mención al Rey David, rey Salomón y, entre otros más el rey que es sobre todos los reyes, el Yeshuah; es por esto que hago énfasis en la urgencia de conectarse con la fuente inagotable y con el creador para que tu vida torne al propósito eterno por el cual fuiste traído a este mundo y con tu nombre designado desde antes de la fundación del mundo.

Tal vez se vea como algo frustrante, pero es el impacto que ha dejado este misterio sobre mi vida en particular, espero causar algo parecido en usted de manera positiva para que aquel que no sabe, investigue y el que investigue, si es negativo o insignificante pedirle al creador y si es positivo le invito a conectarse y alinearse a su destino y a su propósito en su vida si aún no lo estás haciendo.

En Israel los nombres no se asignan por capricho, porque suena lindo o porque simplemente por alguna emoción, legalmente registrar un nombre es algo sagrado, lo

primero es, que debe tener un significado, pero no cualquier significado, debe mostrar un significado positivo, en segundo lugar dicho nombre en algunas ocasiones es asignado por algún pariente que haya muerto pero, que haya dejado algún legado familiar de gran peso; cuando van a registrar un nombre dicho nombre debe tener un alto nivel de consciencia sobre el significado y origen de ese sello distintivo. No es simple mitología, o invento de ellos, es parte de su intuición, su perspectiva y por conocimiento claro sobre el destino de un ser humano y su estrecha relación con el nombre que se le asigna.

Los nombres no sólo representan un título que individualiza a una persona, es mucho más que eso, es considerado como el mismo significado de nuestro destino, es como definir a una persona por las características propias que conlleva el significado de esa palabra con el cual se distingue cada individuo, *en nuestros nombres se encuentra nuestra designación y asignación sobre esta tierra*, El nombre no representa nada más el envoltorio de nuestra identidad, no es la etiqueta que llevamos adherida en un registro civil, en una cédula o un acta de nacimiento, ni mucho menos una palabra con la que nos llaman en nuestro entorno familiar y social, *nuestros nombres son nuestras propias vidas.*

Existen diferentes motivos para asignar nombres en diferentes países y culturas en todo el mundo. Aquí hay algunos ejemplos de prácticas comunes:

Nombres tradicionales:

En muchas culturas, los nombres tradicionales se transmiten de generación en generación. Por ejemplo, en algunos países de Asia Oriental, como China o Corea, es común que los hijos reciban nombres que reflejen la historia y los valores de la familia.

Nombres religiosos:

En muchas culturas religiosas, los nombres pueden estar influenciados por las creencias y tradiciones religiosas. Por ejemplo, en países de tradición cristiana, es común encontrar nombres bíblicos, mientras que, en países de tradición islámica, es común encontrar nombres basados en figuras y conceptos islámicos.

Nombres de origen geográfico:

En algunos casos, los nombres pueden estar relacionados con el lugar de origen o la región geográfica. Por ejemplo, en Escocia, es común encontrar nombres de origen celta o gaélico, mientras que, en América Latina, los nombres pueden estar influenciados por la cultura y el idioma español.

Nombres basados en la naturaleza:

Muchas culturas asignan nombres que están relacionados con elementos de la naturaleza, como flores, animales, elementos naturales, etc. Estos nombres pueden tener significados simbólicos o representar cualidades deseables.

Nombres modernos e inventados:

En la actualidad, muchas personas optan por nombres modernos o inventados que pueden ser únicos o combinaciones de nombres existentes. Esto puede reflejar la creatividad y la individualidad de los padres al elegir un nombre para sus hijos.

Nombres legales y reglamentaciones:

En algunos países, existen leyes o reglamentos que establecen ciertas restricciones o requisitos para la asignación de nombres. Estos pueden incluir prohibiciones de nombres ofensivos, obscenos o que puedan causar confusión.

El nombre y el destino

La designación o tarea que un ser humano tiene sobre la faz de la tierra está intrínsecamente arraigado al nombre que lleva.

El nombre, además de ser una identificación personal, junto con el viene el propósito con el cual fue designado por el creador, es por eso que el nombre descifra el destino del ser humano que lo lleva puesto.

Mi destino está señalado y marcado desde antes de venir a esta tierra, antes de nacer ya existíamos, según la fuente más Fidelina que existe sobre cosas del ser humano (la biblia) todo lo creado es sombra de lo que no se ve, el ser humano antes de llegar a este hábitat ya tenía existencia en el mundo espiritual, para entender un poco más claro voy a citar algunos casos de los muchos que las sagradas escrituras menciona:

> 1 Pedro 1:20
> Porque Él estaba preparado {desde} antes de la fundación del mundo, pero se ha manifestado en estos últimos tiempos por amor a vosotros

Jesucristo es el primogénito de toda la creación y desde antes de que todas las cosas existan, ya estaba ordenado y establecido que él debía ser entregado, crucificado y resucitado por amor y para salvación a los seres humanos de sus delitos y pecados que arrastramos desde la desobediencia de Adán, esto indica que a Dios nada le toma por sorpresa, porque él como omnisciente todo lo sabe: el pasado, el presente y el futuro y de hecho recordemos que él es el que es, el que era y el que ha de venir.

> Apocalipsis 13:8
> Y la adorarán todos los que moran en la tierra, cuyos nombres no han sido escritos, desde la fundación del mundo, en el libro de la vida del Cordero que fue inmolado.

Las sagradas escrituras son muy claras en el tema de la predestinación, en este contexto de los tiempos futuros nos enseña que los que se postrarán ante la bestia para adorarla son aquellas personas que lamentablemente no tenían sus nombres registrados desde la fundación del mundo en el libro de la vida, el único que tiene potestad de escribir un nombre en el libro de la vida es el mismo creador, por lo tanto él es quien designa y destina aún antes de la fundación del mundo a los que serán salvos y a los que no, aún suene un poco injusto.

> Efesios 1:4
> según nos escogió en Él antes de la fundación del mundo, para que fuéramos santos y sin mancha delante de Él.

Otra verdad de las escrituras que nos muestran la predestinación y la preselección de los escogidos por el Señor antes de la fundación del mundo tienen como objetivo principal la santidad, el plan de Dios con su creación siempre ha sido mantener una relación y una semejanza con los seres humano, que se parezcan a él y sean como él.

Ahora les hablaré un poco sobre mi nombre y la influencia que tiene sobre mi personalidad y mi destino, he pasado muchas cosas, tantas cosas en esta corta edad que tengo, que me llevaron a una meditación tan profunda y exhaustiva que pude descubrir cosas de mí mismo que hasta me asustaron, en ese estudio introspectivo que llevé a cabo por un tiempo, respondí muchas dudas, claro, cuando digo respondí, no fui yo con mi propia sabiduría, me refiero a que el Espíritu Santo me oriento y me dio muchas revelaciones que en conjunto de las sagradas escrituras pude evidenciar, inclusive cosas que ocurrieron desde mi niñez, mi infancia y adolescencia, mi juventud y por supuesto mi vida adulta; entre las cosas que voy a resaltar no para que me tomes de ejemplo, sino para ilustrar esta guía, recuerdo algunas escenas como las que voy a describir a continuación:

Una vez me perdí en una tienda de ropas mi madre y mi hermana mayor me llevaron de compras y mientras ellas se entretuvieron mirando unos artículos, por mi mente pasaron muchas cosas de alejarme para andar por los pasillos que realmente veía interesante y que con ellas no pía caminar puesto que esas cosas no eran prioridad, pero para mí si lo eran, quería además sentirme con la

plena libertad de poder disfrutar cada cosa que veía y tocaba jajaja… sin que nadie, o sea nadie, me limitara. El susto de mi madre y mi hermana mayor fue grande, pero no eterno, porque me encontraron dentro de la tienda y por supuesto en el área de los juguetes.

Un día mi **hermano mayor de los varones me abofeteó** ¡wow! eso fue un momento muy amargo, no tanto por el golpe que recibí de mi hermano, sino por las consecuencias que eso trajo. Recuerdo claramente aquel domingo en el que mi hermano y uno de mis primos coordinaron ir a comprar un videojuego de esos que a todo niño le llenaba de adrenalina, los famosos (súper nintendo) y yo de apenas 12 años lleno de emociones y curiosidad insistí para que me llevarán con ellos; mi insistencia era tanta que mi hermano me dijo que me llevaría con la intención de engañarme, de modo que, mientras yo me estuviera preparando, ellos rápidamente retirarse y dejarme con el moño hecho. Me mandó a ponerme unos tenis, cuando me fui con todas las emociones a obedecerlo y salí para ir con ellos, resulta que ya se habían ido. Lo que no tolero es que me prometan y no me cumplan, que me ilusionen y luego me dejen plantado, en ese momento lleno de impotencia, corrí detrás de ellos para alcanzarlos, precisamente cuando iban a abordar el autobús los alcancé y me subí a fuerzas con ellos, ¿qué creen que ocurrió? Mi hermano al verme abordar el autobús, me gritó: ¡Baja del autobús y vete para la casa! En ese momento me hice más rebelde y le dije: -¡Me dijiste que me llevarías y aquí estoy! Entonces, eso fue lo que más le molestó y me golpeó en las meji-

llas, me dio una bofetada. Todos se quedaron observando cuando caí en el asiento de un policía, allí fue el drama inolvidable que se alojó a mi subconsciente, el policía se puso en pies, el autobús aún no había arrancado y mi hermano, fue esposado, mi primo asustado y yo golpeado, decepcionado y sin mucho entendimiento de lo que estaba pasando, los tres fuimos a parar en un destacamento de policías, llamaron a nuestros padres, eso fue un caos, pero la reflexión fue buena, ya que no se puede motivar a un niño para luego dejarlo sin respuesta, pero además me veo como un hombre que no tiene miedos, que se arriesga, que actúa libre sin importar consecuencias, claro, era un adolescente, pero hoy lo puedo ver con más claridad.

Otra escena donde se muestra parte de ese carácter de liberalidad y de tomar decisiones así como quien sabe lo que hace, sin importar muchas veces lo que pase en mi entorno, y esto es sin malicia y sin premeditación, es simplemente parte de esa impulsividad mía que aparentemente no se puede controlar, recuerdo que entre los 14 y 15 años me consideraba adulto, queriendo entrar a lugares donde solamente se permiten adultos, siempre con actitud de que yo sí puedo y me lo merezco, actitud de grande, pero que se sepa, no era un joven de andar en grupos, no me gusta la cantidad de gente cerca, podía andar con una o dos personas más, pero cuando lo hacía con más, me sentía incómodo, es como a quien le encanta el "can", pero desde afuera, bueno, para resumir, en los únicos grupos que me siento acogido y cómodo es en la iglesia.

Las escenas más importantes que quiero resaltar se encuentran registradas en mi juventud, ay..., esa juventud de muchos dolores de cabeza, de muchos fracasos, de muchas desesperaciones, de decisiones sin medir consecuencias, de momentos de crisis, de grandes deudas, de acciones impulsivas, de hechos desastrosos y de perversidad, realmente mi vida de joven la puedo contar sin temores, pero en vida real tal vez para los lectores no sea tan agradable leerla, prefiero resumir para evitar percepciones falsas sobre mi persona.

Mucha gente actúa de alguna manera y no sabe el por qué actúan así, otras muchas siempre están envueltas de cosas y ni idea tienen del porqué, sin embargo en mi caso he tenido la maravillosa oportunidad de descubrir las causas de casi todas las incidencias por las cuales he atravesado, iniciando con el conocimiento de lo que dice las sagradas escrituras sobre el destino de un ser humano que Dios ama y lo elige con designación especial sobre una función en esta tierra, la palabra de Dios dice que todo obra para bien a aquellos que aman a Dios, esto es a aquellos que conforme a su propósito han sido llamados, entender esto me ha ayudado a sobrepasar algunas situaciones con resiliencia, con paz a pesar de la dificultad, de gozo, a pesar de lo difícil que sea la situación y luego relacionar toda esta travesía directamente con el significado de mi nombre, mi nombre proviene Del latín medieval Carolus, y este del alto alemán medio Karl, del protogermánico *karlaz, ("hombre libre"), quizás con influencia del diminutivo de carus, ("querido"). Compárese el inglés

churl, ("villano"), el nórdico antiguo karl o el alemán Kerl. El vocablo germánico quizás sea cognado del protoeslavo *korljь, ("rey"), que diera el ruso король (korol'), el polaco król y el checo král; véase también el lituano karalius y el húngaro király.

Cuando vi lo que significa mi nombre (hombre libre), entendí todo.

Sobrenombres

Llamar a cada individuo por su nombre es la mejor canción que pueda escuchar a sus oídos.
Un nombre no autorizado, apodo o sobrenombres como lo conocemos puede llegar a ser un homicidio tal vez igual o peor que literalmente matar a un ser humano.

Los apodos, sobrenombres, o nickname (en inglés), cuando son degradantes, vulneran hasta la dignidad de los niños, adolescentes, jóvenes y adultos afectados. Los apelativos en muchos casos son utilizados en el bullying por causa de algunas discapacidades que presentan algunas personas y éstas a su vez generan una percepción de rechazo o de exclusión marcando la conducta de nuestros niños / as y creando una autoestima baja, ansiedad, impotencia y depresión hasta el punto de provocar desenlace fatal. Las familias deben prestar atención y trabajar con más fuerza con los niños para evitar la mofa en ambos sentidos, o sea, que eviten emitir burla o poner sobrenombres y que aprendan a no ser afectados cuando los apodos indeseables sean sobre ellos.

Los sobrenombres pueden tener diferentes consecuencias en la sociedad y a nivel personal, dependiendo del contexto y la forma en que se utilicen. Aquí hay algunas posibles consecuencias:

Impacto emocional: Los sobrenombres pueden tener un impacto emocional significativo en las personas. Algunos sobrenombres pueden ser halagadores y fortalecer la autoestima de una persona, mientras que otros pueden ser despectivos o insultantes, causando angustia emocional, vergüenza o baja autoestima. Pueden afectar la confianza en sí mismo y la forma en que una persona se percibe a sí misma.

Estigmatización y discriminación: Algunos sobrenombres pueden llevar a la estigmatización y la discriminación. Pueden basarse en estereotipos negativos o prejuicios y perpetuar divisiones sociales. Estos sobrenombres pueden provocar exclusión social, marginación y trato injusto por parte de los demás.

Dinámica de poder: Los sobrenombres también pueden reflejar relaciones de poder desequilibradas. Pueden ser utilizados para humillar, menospreciar o ejercer control sobre alguien. Los sobrenombres ofensivos pueden ser una forma de intimidación o acoso, particularmente en situaciones de bullying o abuso.

Construcción de identidad: Los sobrenombres pueden influir en la construcción de la identidad personal. Algunas personas pueden adoptar y abrazar sobrenombres como una expresión de su individualidad o como un medio para pertenecer a un grupo. Por otro lado, los so-

brenombres negativos pueden afectar la percepción que una persona tiene de sí misma y moldear su identidad de manera negativa.

Relaciones interpersonales: Los sobrenombres pueden tener un impacto en las relaciones interpersonales. Si se utilizan de manera amistosa y respetuosa, pueden fortalecer los lazos entre las personas. Sin embargo, si se utilizan de manera irrespetuosa o hiriente, pueden dañar las relaciones y generar resentimiento.

Es importante recordar que el uso de sobrenombres debe basarse en el respeto mutuo y la consideración por los demás. Las palabras tienen poder y pueden dejar una impresión duradera en las personas. Se debe tener cuidado al utilizar sobrenombres y considerar cómo pueden afectar a los demás tanto en la sociedad como a nivel personal.

Más vale el buen nombre que las muchas riquezas,

El buen nombre como reputación, buena conducta, y de gran estima deja legado y resalta cómo un ser ilustre en su generación y eso vale mucho más que tener todas las posesiones y todas las riquezas sobre la faz de la tierra, ya que la estima de un hombre le da honor y el honor es una virtud que aporta todo sin ningún esfuerzo humano.

Un buen nombre y un mal nombre pueden tener implicaciones significativas para los seres humanos en la sociedad. Aquí hay algunas consideraciones sobre cómo estos nombres pueden afectar a las personas:

Buen nombre:

> *Eclesiastés 7:1*
> *Es mejor el buen nombre que el buen perfume.*
> *Las sagradas escrituras nos enseña lo valioso y lo productivo de tener un buen nombre, lo compara con un buen perfume que atraiga y deleite a todos los de su alrededor, el sabio Salomón hace referencia a una persona de honra, es decir, un ser humano con un estirpe o linaje, o como en un buen dominicano "alguien de apellido ' , pero además podemos intuir que una conducta ejemplar o de buena reputación en la sociedad es un individuo con un "buen nombre".*

Un buen nombre es un buen destino
Un buen nombre representa una vida feliz
Un buen nombre señala el éxito de un ser humano

Percepción positiva: Un buen nombre puede generar una impresión favorable en los demás. Puede llevar a que las personas se sientan atraídas o respeten a alguien antes de conocerlo personalmente.

Oportunidades: Un buen nombre puede abrir puertas y oportunidades. En situaciones como solicitudes de empleo, admisiones a instituciones académicas o interacciones profesionales, un nombre bien considerado puede generar una ventaja inicial.

Confianza y credibilidad: Un buen nombre puede contribuir a la confianza y credibilidad de una persona. Si alguien tiene una reputación sólida y un nombre bien considerado, es más probable que se le confíen responsabilidades importantes y se le tome en serio.

Redes de apoyo: Un buen nombre puede ayudar a establecer conexiones más fácilmente. Las personas pueden estar más dispuestas a asociarse con alguien que tiene una buena reputación y un nombre reconocido.

MAL NOMBRE:

> *Proverbios 22:1*
> *22 De más estima es el buen nombre que las muchas riquezas,*
> *El sabio Salomón sigue revelando lo relevante que es un buen nombre y en este caso, versus las riquezas, indicando que un ser humano puede tener mucho dinero, muchas posesiones, un gran patrimonio, pero si su reputación o conducta es inapropiada, indecorosa, perversa e irresponsable en la sociedad y esto por el mal nombre que le asignaron el tal el pobre, indeseable y sin estima.*

Prejuicio y discriminación: Un mal nombre puede desencadenar prejuicios y estereotipos negativos. Las personas pueden tener expectativas negativas sobre alguien solo por su nombre, lo que puede dificultar su integración y progreso en la sociedad.

Desventaja en oportunidades: Un mal nombre puede limitar las oportunidades de empleo, educación y otras áreas de la vida. Los empleadores o instituciones académicas podrían mostrar un sesgo inconsciente hacia alguien con un nombre que suena poco común o asociado con estereotipos negativos.

Dificultades en la construcción de relaciones: Un mal nombre puede dificultar la construcción de relaciones y la conexión con los demás. Las personas pueden ser menos propensas a confiar o asociarse con alguien cuyo nombre les genera dudas o inseguridad.

Autoestima y confianza: Un mal nombre puede afectar la autoestima y la confianza de una persona. Si alguien se siente avergonzado o incómodo con su nombre, puede experimentar dificultades en la forma en que se percibe a sí mismo y cómo interactúa con los demás.

Un excelente nombre

Fue hecho tanto superior a los ángeles, así como el nombre que ha heredado es más excelente que el de ellos. RVA 2015

Hemos mencionado algunos nombres que han mostrado el propósito por el cual fue designado sobre algunas personas en momentos específicos, no obstante, en este apartado nos vamos a referir al nombre más excelente que nadie jamás ha cargado, que nadie jamás, ni siquiera los seres espirituales llamados ángeles han podido heredar, es el nombre de mayor honra, de mayor mérito, de mayor gloria que nadie jamás ha podido ni podrá asignar o ser asignado, me refiero a Jesucristo (Yeshúa).

El Señor Jesucristo recibió méritos y honores inigualables, ya que adquirió un nombre mucho más excelente y superior que los ángeles, pero más que un nombre es un título que el Padre le asignó por su posición, su misión y su triunfo sobre la misma muerte.

La biblia, considerada como la palabra de Dios nos muestra cómo el nombre del Señor Jesucristo implica tanto poder y autoridad considerándose como el nombre de mayor relevancia en la historia, y esto, no solo por su

significado, sino también por su estirpe y lo que representa la persona de Jesucristo como tal. Él es la imagen del Dios invisible, el primogénito de toda creación, el Hijo de Dios, el mesías que había de venir para redención de la humanidad; esas cualidades lo hacen muy sublime, su honra es inigualable, tal vez ahora entendamos un poco mejor sobre el poder que conlleva su majestuoso nombre, de manera resumida quiero que demos un paseo por las sagradas escrituras para que veas por qué es tan importante reconocer que Jesucristo es el Señor y la necesidad que tenemos de identificarnos con su nombre para poder lograr que se nos otorgue un nombre nuevo.

Iniciamos este recorrido diciendo que el mismo Dios lo exaltó hasta lo sumo dándole un nombre que es sobre todo nombre, y esto porque Jesucristo se humilló sin tomar como importancia el hecho de ser igual a Dios

> *Filipenses 2:9-10*
> *9 por lo cual Dios también le exaltó hasta lo*
> *sumo, y le dio un nombre que es sobre todo*
> *nombre, 10 para que en el nombre de Jesús se*
> *doble toda rodilla de los que están en los cielos,*
> *y en la tierra, y debajo de la tierra;*

Cuando dice que Dios le exaltó hasta lo sumo hace referencia a una elevación máxima, entregándole toda autoridad sobre todas las cosas incluyendo la muerte, es impresionante conocer este ser tan sublime a quien se encontró digno de alabanza, honra, poder y gloria, pero aún

más, a quien tiene un nombre que es sobre todo los nombres que existen debajo del sol.

En su nombre podemos adquirir vida bajo una doble condicional; si y sólo si creemos que él es el Cristo y el Hijo de Dios.

> *Juan 20:31*
> *pero éstas se han escrito para que creáis que Jesús es el Cristo, el Hijo de Dios; y para que, al creer, tengáis vida en su nombre.*

Todas las cosas escritas acerca del señor Jesucristo fueron registradas para que no tengamos dudas de su designación como el ungido (Cristo), hijo de Dios quien estaba preparado antes de la fundación del mundo para redención por su muerte y resurrección a todos los que creen en él, recibiendo la vida que por ley divina debimos perder por causa de nuestros pecados, sin embargo en el (Jesucristo) fue transferida toda nuestra culpa y lo que debimos padecer por nuestras rebeliones, el lo pago por todos nosotros y hoy por ese acto de amor incomparable de nuestro Dios y Padre creador hoy podemos ser libres de culpa, libres de la muerte y libres de condenación a través de la fe en nuestro Señor Jesucristo. En él y sólo en él encontramos salvación, ya que en ningún otro hay salvación y no hay otro nombre bajo el cielo dado a los hombres, fíjese que esto es una verdad absoluta.

Hechos 4:12

No hay otro nombre dado a los hombres en el que podamos ser salvos
Y en ningún otro hay salvación, porque no hay otro nombre bajo el cielo dado a los hombres, en el cual podamos ser salvos.

Hablar de verdad absoluta en un mundo lleno de diversidad, lleno de culturas y creencias distintas puede sonar como fanatismo o radicalismo, no obstante, me voy a arriesgar a dicha etiqueta , ya que las sagradas escrituras son claras y contundentes al hacer mención de la vía de como adquirir la salvación de nuestras almas, cuando se habla de salvación el único que puede garantizar y ser mediador entre Dios y los hombres, que tuvo la misión de rescatar al ser humano del pecado es el Señor Jesucristo, en ningún otro hay salvación, cuando dice " en ningún otro" es para que no nos hagamos una idea diferente, es para encerrar toda prerrogativas y todas las dudas que pudieran existir, porque no hay otro nombre dado bajo el cielo en el cual podamos ser salvos. Solo en el nombre del Señor Jesucristo podemos ser lavados, santificados y justificados.

1 corintios 6:11
Y esto erais algunos de vosotros; pero fuisteis lavados, pero fuisteis santificados, pero fuisteis justificados en el nombre del Señor Jesucristo y en el Espíritu de nuestro Dios.

Estar conectados con su nombre es mucho más poderoso que poseer dinero y riquezas, es lo más elevado que un ser humano puede alcanzar en la tierra, estar ligado con el nombre del Señor Jesucristo.

> *Hechos 3:6*
> *Pero Pedro dijo: No tengo plata ni oro, más lo que tengo, te doy: en el nombre de Jesucristo el Nazareno, ¡anda!*

En el cielo solo se conceden peticiones, ruegos y súplicas a aquellos que pedimos algo en su nombre, en el nombre del Señor Jesucristo.

> *Juan 14:13-14*
> *Y todo lo que pidáis en mi nombre, lo haré, para que el Padre sea glorificado en el Hijo. Si me pedís algo en mi nombre, yo lo haré.*

Después de este breve recorrido por la palabra de Dios, luego de ver todo el poder que tiene el nombre de Jesucristo, espero estes convencido de que en realidad vale la pena estar conectado al dador de la vida, al único y verdadero Dios y al Señor Jesucristo porque es la fuente, es la vida, es todo; no hay otra forma de iniciar esta guía, sino mostrando todo el poder, majestuosidad y honra que se encuentra en un solo nombre, el nombre de nuestro Señor Jesucristo.

El único ser que no necesita nombre

Si bien es cierto que un nombre es la representación de una cosa, persona o entidad en sentido general, es misterioso y profundo referirse al único ser que no tiene nombre y ni lo necesita, si vamos a referirnos a los nombres, su significado y su importancia no podemos pasar por alto al ser eterno que antes de él no había nada, quien es el principio y final, primero y último que habita en las alturas y en la eternidad. Es impresionante cómo se ha revelado en todo el trayecto de la humanidad y específicamente en el pueblo que escogió para darse a conocer, el pueblo hebreo (Israel), la biblia tiene registrado el episodio donde por primera vez él hace intento de revelar su nombre; me refiero a la historia de Moisés cuando fue seleccionado para sacar a su pueblo de esclavitud y servidumbre del dominio de los egipcios, las escrituras enseñan que un ángel en medio de la zarza le habla y le dice que quite los calzados de sus pies porque el lugar donde él estaba pisando era un lugar santo, luego le expresa la misión que quiere que lleve a cabo con su pueblo y las instrucciones que debía seguir para que sea exitoso en su encomienda; pero lo que me impactas es que Moisés como un hombre que había sido preparado bajo las faldas

del Faraón y conocía muy bien cómo pensaba y sus creencias, le hizo una ó y qué tal vez muchos no le han prestado la atención que amerita, él le pregunta: -Cuando yo vaya y me presente con tu orientación y me pregunten tu nombre ¿qué voy a decir?, ¿en nombre de quien me voy a presentar?, sabemos que para dar un mensaje debemos estar plenamente convencidos de quien es el emisor, o en efecto, quien es el destinatario, en nombre de quien damos el mensaje. Los embajadores deben conocer con lujos de detalles su país o reino representante, sus leyes y su historia, estar actualizado de su representante, y debe existir un nivel de confianza mayor para poder representar a alguien, en este caso al mismo creador, créame que cuando recibí esta revelación tan poderosa mi vida cambio, mi forma de predicar las sagradas escrituras cogió otra connotación, porque no es lo mismo dar un mensaje tirando patadas voladoras que dar un mensaje orientado y bien definido, conociendo lo fundamental de quien representamos; pues la respuesta del eterno me llevo a un estudio muy cauteloso, porque en realidad su repuesta no fue como tal vez la diría un presidente o un gobernador cuando envía a alguien a una misión que lo represente, tal vez el gobernador simple y sencillamente responde "dile que Carlos García te envía para x asignación, pero no es así en este caso, su respuesta es " si te preguntan dile, que YO SOY te envía el que soy, soy el Dios de tus padres, Dios de Abham, Dios de Isaac y Dios de Jacob. Al analizar esta respuesta me deja inconcluso, porque la pregunta en específico era ¿en qué nombre yo voy?, ¿a quién es que estoy representando?, ¿cuál es tu nombre?, él omite dar un nombre y solo da cuatro letras hebras que ellas como tal

no tienen significado YHWH, a pesar de que al sol de hoy le han querido buscar significado y lógica como lo han hecho con muchas cosas que se encuentran en las sagradas escrituras y en la mayoría han hecho cambios significativos y se ha distorsionado un poco el verdadero sentido de lo que al principio se quería transmitir, pero de eso hablaremos en el próximo libro. En fin, YHWH no es un nombre, no es un título, no es un calificativo, no es una cualidad, no es una virtud, YHWH es una entidad divina que registra lo eterno, sobrenatural, densidad, honra, poderío y majestad que se encuentra en ese ser que es tan extraordinario que no cabe en un simple nombre que alguien quiera encasillar, El simple y sencillamente no cabe en un nombre, en un templo, en una nación, de hecho Salomón decía que él es tan inmenso que ni los cielos, ni los cielos de los cielos lo podían contener, Isaías dice que él tiene a las naciones en el hueco de sus manos y que son como gota de agua que cae de un cubo, imagine por unos segundos que han inmenso es el, crees que cabe en un nombre, que ni siquiera con todas las cualidades con las que nos dirigimos a él son suficientes, no hay palabras para expresar su grandeza, su poder, su misericordia, su deidad y su majestuosidad.

Tal vez usted se está preguntando que cuál es su nombre, que hasta ahora usted lo conoce como Jehová o cómo Yave, pero esos nombres son formas que le han dado los traductores de las biblias de un lenguaje a otro para poder darle algún sentido a las letras con las que él se reveló YHWH, para facilitar la lectura a los lectores de las sagradas escrituras, pero no te preocupes tampoco si hasta ahora lo has nombrado así, solo te digo que cuidado con

mencionar su nombre en vano, pero cuál es su nombre, su nombre es YHWH, En mi caso personal, cuando me presento delante de Dios en oración, lo hago como nos enseñó Jesucristo, él nos enseña a orar indicando la forma correcta: Padre nuestro que estás en los cielos; es evidente que él nos ayuda a poder tener un contacto más directo y de mayor confianza, nos revela que somos hijos y como tal debemos venir delante de él, honrándolo como Padre que está en los cielos o padre celestial, si vemos las oraciones del señor, en todas él hace mención de Padre, y es el modelo que debemos seguir, además, no podemos ser ligeros al mencionar un nombre atribuido a nuestro padre celestial, ya que, es deshonroso mencionar su nombre en vano o incorrectamente, los judíos temen al hecho de invocar el nombre de Dios en vano, puesto que es uno de los diez mandamientos entregados a Moisés, de la misma manera nosotros los gentiles debemos procurar el debido cuidado al invocar su nombre. Además, usted querido lector cree que el Dios alto y sublime que habita la eternidad, el Dios todopoderoso, el creador de los cielos y de la tierra y de todas las cosas que en ellos hay, ¿usted considera que ese Dios cabe en un simple nombre, o sea, usted cree que ese Dios de los cielos no lo pueden contener se puede encasillar en un conjunto de letras? Para mí eso sería una ofensa a él, pero claro de alguna forma debemos llamarlo para tener una relación y un contacto con su persona y como ya les dije, en mi humilde opinión considero que lo ideal sería llamarlo ¡Padre!

Entonces Moisés dijo a Dios: «Si voy a los israelitas, y les digo: "El Dios de sus padres me ha enviado a ustedes",

tal vez me digan: "¿Cuál es Su nombre?", ¿qué les responderé?». 14 Y dijo Dios a Moisés: «YO SOY EL QUE SOY», y añadió: «Así dirás a los israelitas: "YO SOY me ha enviado a ustedes"». 15 Dijo además Dios a Moisés: «Así dirás a los israelitas: "El Señor, el Dios de sus padres, el Dios de Abraham, el Dios de Isaac y el Dios de Jacob, me ha enviado a ustedes". Este es Mi nombre para siempre, y con él se hará memoria de Mí[k] de generación en generación.

13

Dijo Moisés a 'Elohim: Cuando vaya a los hijos de Israel, y les diga: El Dios de vuestros padres me ha enviado a vosotros, y me digan: ¿Cuál es su nombre? ¿Qué les diré?

14

Respondió 'Elohim a Moisés: Yo soy el que Soy. Y añadió: "Así dirás a los hijos de Israel: Yo Soy me ha enviado a vosotros.

15

Dijo además 'Elohim a Moisés: Así dirás a los hijos de Israel: YHWH, el Dios de vuestros padres, Dios de Abraham, Dios de Isaac y Dios de Jacob, me ha enviado a vosotros. Éste es mi Nombre para siempre jamás, y éste es mi memorial de generación en generación.

En la Biblia, se presentan varias manifestaciones de Dios con diferentes nombres que reflejan diferentes aspectos de su naturaleza y carácter. Aquí hay algunas de las manifestaciones más comunes de Dios en la Biblia:

Yahweh: Este es el nombre personal de Dios en el Antiguo Testamento. A menudo se traduce como "Señor" en las Biblias en español. Yahweh es el Dios supremo, el Creador y el Todopoderoso.

Elohim: Este nombre se utiliza para referirse a Dios como el poderoso Creador y Juez. Aparece en el relato de la creación en Génesis y se traduce como "Dios" en muchas Biblias.

Adonai: Es un término hebreo que se traduce como "Señor" o "Amo". Es utilizado para mostrar reverencia y reconocimiento de la autoridad y soberanía de Dios.

El Shaddai: Este nombre se traduce como "Dios Todopoderoso" o "Dios Omnipotente". Es usado para enfatizar el poder y la providencia de Dios, especialmente en relación con su capacidad para cumplir sus promesas.

Jehová-Jireh: Significa "El Señor proveerá". Fue el nombre dado por Abraham al lugar donde Dios proveyó un carnero en lugar de su hijo Isaac como sacrificio.

Jehová-Rafa: Significa "El Señor que sana". Este nombre enfatiza el poder y la capacidad de Dios para sanar tanto física como espiritualmente.

Jehová-Nissi: Significa "El Señor es mi bandera". Fue el nombre que Moisés le dio a un altar que construyó para conmemorar la victoria de los israelitas sobre los amalecitas.

¿Por qué necesito un nombre nuevo?

No es un secreto para nadie que las personas más influyentes en nuestras vidas son nuestros padres, que desde que nacemos están ahí, le escuchamos, estamos conectados emocionalmente, sentimentalmente y genéticamente, es por eso que ellos a través de lo que designan para nosotros tiene un gran peso, lo que ellos establecen en nuestras vidas en un gran porcentaje se manifiesta, es por eso que los padres tienen un poder extraordinario sobre los hijos, tengamos cuidado con las palabras que le decimos a nuestros hijos, cuidemos las bendiciones o maldiciones que le cargamos a nuestros descendientes biológicos, el papa no solo engendra, la mamá no sólo concibe y da a luz, los padres son la referencia, el ejemplo, la representación y los selladores de destino sobre sus hijos, antes de asignar inconscientemente, investiga, antes de destinar, por lo menos date la tarea de hacer conciencia sobre la vida que depende de ti, no me refiero a lo económico porque eso es irrelevante en el sentido de que la designación es mucho más que dejar una herencia de millones de dólares en una cuenta, me refiero a la parte más importante en el ser humano, su destino en la tierra, o no sabes qué no consiste

en traer a alguien para que simplemente sea parte de un matrimonio y una familia, es más allá, es un rol tan importantísimo que como se ha mencionado en otras ocasiones en este libro; asignamos, desígnanos y destinamos, procura que el nombre de tus hijos no sea una palabra desanimada, unas letras sin sentido, o en efecto, procura que el Nombre no sea una ofensa al niño, un disgusto en toda la vida de ese ser humano, procura que ese nombre tenga sentido, signifique algo que empodere al niño en todas las tareas que va a realizar en todo su contexto, que su nombre represente una verdadera vida de salud, a abundancia, prosperidad y con propósito,

En nuestras sociedades, es lamentable decirlo, pero es la realidad en la que vivimos, que los padres no planifican a los hijos, y peor aún, los padres no se planifican ellos. Es tan triste ver padres de tan corta edad que no tienen la debida preparación y el desarrollo adecuado para traer hijos, eso es uno de los temas más delicados para trabajar y concientizar a nuestros niños, adolescentes y jóvenes para evitar esos desastres familiares y sociales que nos bombardean y crean caos y múltiples desgracias por la sencilla razón de ir tan jóvenes al matrimonio o en el peor de los casos, engendrar hijos sin responsabilidad ni compromiso. Jesucristo en todo nos modela un ejemplo a seguir, incluso,hasta nos muestra cómo debe ser planificado y estructurado el proyecto más serio que un ser humano pueda elaborar, me refiero a procrear un hijo; fíjese en el próximo texto bíblico, allí nos muestra todo el plan tanto divino como humano donde interviene el creador.

Para responder a la pregunta ¿Por qué necesito un nombre nuevo? Debemos hacernos otras preguntas previamente: ¿Quién me puso nombre?, ¿Qué significa mi nombre?, ¿Está mi nombre relacionado con mi propósito en la tierra? Estas tres preguntas son relevantes para identificar si es necesario ir de emergencia detrás de un nombre nuevo; ir detrás de un nombre nuevo es darle propósito a nuestra vida, es cambiar literalmente nuestra identidad, pero no necesariamente en la oficialía civil a través de un proceso legal con abogados o modificar nuestra cédula de identidad, se trata de algo más sencillo y enseguida te lo explico.

Mientras escribía este maravilloso libro me tomé un tiempo para descubrir lo mismo en casos conocidos, me atreví a realizar una encuesta o más bien un breve estudio estadístico sobre dos interrogantes: 1) ¿Quién te puso tu nombre? Y 2) ¿Qué significa tu nombre? Esta estadística la hice con base en una muestra de 115 adolescentes. hice una pequeña encuesta a los estudiantes a quienes les impartía matemáticas en un centro educativo privado aprovechando esa coyuntura para analizar sobre el conocimiento del significado de los nombres y de los 115 estudiantes del nivel de secundaria entrevistados 13 estudiantes sabían el origen y el significado de su nombre correctamente, representando un 11.3%, 32 de los entrevistados me confesaron que sus padres le pusieron nombres según alguna ocurrencia; por ejemplo una adolescente me dijo que recibió su nombre por unos *jugos ya*, o sea, que de un comercial sobre unos jugos que se venden en RD extrajo

su nombre, otro me contó que su nombre proviene del nombre de un tío que llevaba el mismo nombre y ellos lo consideraban bueno, otra adolescente me confesó que su nombre fue producto de la combinación de los nombres de dos actores de películas que le agradaban a su madre, bueno..., y así por el estilo; este grupo que representa el 27.8% de los entrevistados me dio cierto temor porque es lamentable percibir cómo la asignación de un nombre se ha cualquierizado, no se tiene una conciencia clara sobre la importancia que es asignar un nombre a un ser humano y las implicaciones que esto trae, no se entiende que más que una palabra o sustantivo y un simple registro civil es un acto determinante y una marca que llevará ese ser toda su vida y que dependiendo de su significado y procedencia será su trascendencia y su destino. El resto de los estudiantes no tenían ni siquiera idea del significado de su nombre y mucho menos la causa del por qué se lo asignaron, ahí fue que en verdad me asusté, estamos hablando que un 60.9% esta ignorante a su destino, a su asignación y a su designación en la tierra, claro, porque si no se ni siquiera el significado de mi nombre, ni de dónde proviene, ni las causas mucho menos del por qué se me asignó, pero aún peor, si no tengo conciencia que me haga mostrar el interés sobre ese distintivo, tengo para informarle que la situación es mucho más grave de lo que nos imaginamos.

Ese nombre nuevo es una etiqueta impregnada en el alma que solo se adquiere cuando nos conectamos con el eterno.

Antes de Jesús tener ese tema teológico con Nicodemo en el capítulo 1 del evangelio según San Juan nos revela un dato muy curioso y determinante para enfatizar sobre la necesidad de esa nueva identidad que necesitamos, en los versículos 11 y 12 dice: ¨A lo suyo vino, y los suyos no le recibieron. Mas a todos los que le recibieron, a los que creen en su nombre, les dio potestad de ser hechos hijos de Dios¨; aquí encontramos la esencia y la médula espinal de todo lo que hemos venido explicando sobre la necesidad de un nuevo nombre, a todos los que reciben a Jesucristo, a los que ponen su fe en él, reciben una nueva identidad, una paternidad celestial, reciben un derecho que considero es lo mejor que le pueda acontecer a un ser humano, me refiero al derecho y la maravillosa gracia de convertirse en hijo de Dios, no sé qué lo impresiona a usted, pero la emoción y el gozo más completo de un ser humano es poder ser tomado en cuenta por el creador de todas las cosas y recibir un espíritu de adopción por él y llegar a ser hijos de Dios y poder decir ¡Abba Padre! De la única forma que podemos obtener ese nuevo nombre es a través de aquel que se le entregó un nombre que es sobre todo nombre, hoy al recibirlo como el Cristo redentor de los pecados de la humanidad nos endosa la herencia del reino de los cielos y es ahí la razón del por qué a Nicodemo se le dice que hay que nacer de nuevo. Si conectamos éstas dos palabras al que lo recibe y cree se convierte en hijo de Dios y el que nace de nuevo entrará en el reino de Dios, podemos inferir en realidad de que a todo ser humano se les invita a ese cambio especial y único que lo llevará a obtener el sello y la corona y ser registrado en un libro muy especial, llamado libro de la vida, quienes gozarán de todos los beneficios y recompensas del Rey de reyes y Señor de señores; tu nombre y tu identidad pueden ser cambiados desde este mismo momento y a partir de hoy ser llamado hijo de Dios.

¿Ya estoy acostumbrado a hacer una pregunta a cualquier persona con la que establezco una conversación o con aquella que iniciamos algún tipo de relación en algún lugar, luego de la primera cuál es su nombre?, ¿viene la segunda y tal vez más importante, conoce el significado de su nombre?

La etiqueta con la que nos marca la sociedad en cierto sentido no determina nada en nuestras vidas, pero eso va a depender del nivel de conciencia que tengas sobre tu identidad, sobre tu nombre, sobre lo que él creador ha determinado para ti.

Antes de venir a esta tierra se nos asignó un nombre, una identidad y un propósito, descúbrelo y camina conforme a ello, el nombre nuevo no se les asigna a todos, el nombre nuevo solo se les da a los que vencen, a los que deciden enfrentar y sobreponerse al sistema, a las circunstancias de este mundo,

Esta es la razón por la que es muy probable que nunca te hayas preguntado qué significa tu nombre, o algo más profundo todavía, de donde deriva tu nombre y cuáles son las características propias del carácter de aquellos que llevan tu nombre.

En la Biblia hay un relato de un momento donde un hombre llamado Nicodemo, Fariseo y principal entre los Judíos; en una visita que le hizo de noche al maestro, lo primero que Jesús le refiere es sobre un nuevo nacimiento que todo ser humano debe experimentar, nacer de nuevo para ver el Reino de Dios, nacer de nuevo para entrar en el Reino de Dios; aunque estas dos expresiones suenan idénticas son muy distintas y hacen una relevancia en una nueva identidad, un nuevo registro, una nueva ciudadanía, una nueva vida, una nueva cultura, un nuevo contexto en cuanto a nuestros pensamientos y todo esto, sin dejar de mencionar la parte más emblemática para este cambio radical que todo ser humano que habita sobre la faz de la tierra necesita, (un nuevo nombre).

Diccionario de nombres

No voy a dejar pasar esta maravillosa oportunidad para recomendar algunos nombres con un significado bueno y positivo, que te servirá como referencia o consulta para asignar o para ver el significado de un nombre en particular en las raíces hebreas, tomando en cuenta que el hebreo es una de las lenguas más antiguas de la historia incluyendo su alfabeto, pero aún más especial por su interesante relación con el desarrollo de la historia del pueblo que lleva este nombre (Hebreo) y el creador de todas las cosas en el libro sagrado más vendido en el mundo (la biblia), cuya escritura también fue escrita en gran parte en Hebreo y es por esto que me atrevo a brindarte un diccionario con la mayoría de los nombres masculinos y femeninos con raíz etimológica hebrea, esperando que les sea de buen uso y de gran ayuda para lo adelante.

Aaron (Hebreo). Elevado o iluminado

Abdón (Hebreo). Es muy servicial.

Abel (Hebreo). Aliento del padre

Abiel (Hebreo). Dios es mi padre

Abimael (Hebreo). Mi padre es Dios

Abraham (Hebreo). Padre de muchos

Absalón (Hebreo). Padre y señor de la paz.

Adael (Hebreo). Eternidad de Dios

Adar (Hebreo). Magnífico

Adelardo (Germánico). Fuerte y noble

Adelmo (Germánico). Noble protector.

Adiel. (Hebreo) Atavío de Dios

Adif (Hebreo). El preferido

Adín (Hebreo). Delicado

Adino (Hebreo). Adornado

Adir. (Hebreo). Majestuoso

Adiv. (Hebreo) Amable

Adolfo (Germánico). De noble estirpe.

Adriel (Hebreo). El que pertenece a la grey de Dios.

Agapito (Hebreo). Él es muy amado.

Agenor (Griego). El varón que tiene gran fuerza.

Ageo (Hebreo). De carácter festivo, que alegra.

Alcibíades (Griego). Hombre fuerte y valiente.

Alcides (Griego). Fuerte y vigoroso.

Alejandro Nombre Griego que significa "protector o vencedor de los hombres".

Alfredo (Germánico). El consejero ingenioso.

Aliz. (Hebreo). Alegre

Alón. (Hebreo). Roble

Alvaro (Germánico). Totalmente prudente.

Aníbal (Griego) el elegido por Dios.

Anselmo (Germánico). El protegido de Dios.

Antonio (Latín) persona fuerte, estable y enérgica; suele conseguir en esta vida lo que quiere, gracias a su paciencia.

Apolo (Griego). El que da vida y ahuyenta el mal.

Aquiles (Griego). El que consuela en el dolor.

Aram (Hebreo o armenio) altura

Ariel (Hebreo). El león de Dios.

Aristóteles (Griego). El que tiene nobles propósitos.

Armando (Germánico). El guerrero. enamorado de la vida y de la libertad, sobre todo esta última.

Arquímedes (Griego). Pensador profundo.

Arsenio (Griego). Varonil y vigoroso.

Asael. (Hebreo). Dios lo hizo

Avdel. (Hebreo). Servidor de Dios

Avner. (Hebreo). Padre de luz

Axel. Variante de Absalón

Azael. (Hebreo). Fuerte de Dios

Azai. (Hebreo). Fuerte

Azriel. (Hebreo). Dios es mi salvador

Baruc (Hebreo). El bendito por Dios.

Baruj. (Hebreo). Bendito

Benjamín (Hebreo). El hijo preferido.

Bernabé (Hebreo). Hijo de la profecía.

Caleb (Hebreo). Audaz

Cefas. (Hebreo). Roca (en arameo)

Cristóbal (Griego). El que lleva a Cristo consigo.

Dagoberto (Germánico). Que resplandece como el sol.

Daniel Hebreo *Dan-i-El*, "mi juez es Dios".

Danilo. que significa justicia de Dios.

David (Hebreo). Amado por Dios.

Efraín (Hebreo). El que da frutos.

Eleazar (Hebreo). Dios es mi auxilio.

Elías (Hebreo). Mi Dios es Jehová.

Eliezer. (Hebreo). Dios es mi auxilio

Eliseo (Hebreo). Dios cuida de mi salud.

Emanuel (Hebreo). Dios está con nosotros.

Ezequías. (Hebreo). Dios es mi fuerza

Ezequiel. (Hebreo). Dios dará fuerza

Fulgencio (Latín). El que brilla y resplandece por su bondad.

Gabriel (Hebreo). La fuerza y el poder de Dios.

Gadiel. (Hebreo). Mi fortuna es Dios

Habacuc. (Hebreo). Abrazo

Hazael (Hebreo) Dios ve

Haziel (Hebreo) visión de Dios

Humberto (Germánico). Distinguido y brillante.

Ildefonso (Germánico). El que es ágil para el combate

Isaac (Hebreo). El que rie

Isaias (Hebreo). Dios el salvador

Ismael (Hebreo). Dios oyó mis ruegos.

Israel (Hebreo). El que lucha contra el ángel. Fuerza de Dios.

Jazael. (Hebreo). Percibe a Dios

Jefté. (Hebreo). Dios libera

Jeremías (Hebreo). La elevación del Señor.

Joaquín (Hebreo). Al que Dios le da firmeza.

Job (Hebreo). El que tiene paciencia

Joel (Hebreo). Dios es su señor.

Jonás (Hebreo). Sencillo como una paloma.

Jonatan o Jonathan (Hebreo). Don de Dios.

José (Hebreo). Aquél a quien Dios ayuda.

Josías. (Hebreo). Dios salva

Jotham. (Hebreo). Dios es recto Iotam

Juan (Hebreo) es el que está lleno de la gracia de Dios.

Lázaro (Hebreo). Dios es mi ayuda.

Lemuel. (Hebreo). Perteneciente a Dios

Leonardo (Latín). León fuerte. Leonel. Variante de León.

Lucas (Latín). Resplandeciente como la luz.

Lucio (Latín). Nacido a la luz del día.

Malaquías (Hebreo). El mensajero de Dios.

Malco (Hebreo). El que es como un rey.

Manuel (Hebreo). Dios está con nosotros.

Mario (Latín) hombre apuesto, gallardo, varonil.

Martín (Latín). Hombre genial, belicoso, guerrero.

Mateo (Hebreo) es el que se entrega a Dios.

Modesto (Latín). Templado, honesto, moderado.

Naftalí. (Hebreo). Luchador

Natanael (Hebreo). Don de Dios.

Neftalí (Hebreo). Al que Dios ayuda en su lucha.

Nehemías. (Hebreo). Confortado por Dios

Nicanor (Latín). El conquistador victorioso.

Nicolás (Griego). Victorioso en el pueblo.

Noé (Hebreo). El que ha recibido consuelo.

Omar (Hebreo). El elocuente. Del árabe, "el que tiene larga vida".

Onan (Hebreo). Que tiene mucha fuerza.

Onésimo (Griego). Que es útil y provechoso.

Osías (Hebreo). El Señor me sostiene.

Osvaldo (Germánico). El gobernante divino.

Otoniel (Hebreo) Dios es mi fuerza.

Pablo (Griego) pequeño, usado como sinónimo de humildad.

Patricio (Latín) de noble estirpe.

Pedro (Latín). Que es firme como una roca.

Rafael (Hebreo). Dios ha sanado.

Reginaldo (Germánico). Que posee poder divino.

Renato (Latín) El que ha vuelto a la gracia de Dios.

Reynaldo (Germano) es el que tiene el don divino.

Ricardo (Germánico). Poderoso, fuerte como soberano.

Rigoberto (Germánico). El que es esplendoroso por su riqueza.

Roberto (Germánico). El que luce por su fama.

Rodolfo (Germánico). El guerrero ansioso de gloria.

Rómulo (Griego). El que está lleno de fuerza.

Roque (Latín). Fuerte como una fortaleza.

Salomón (Hebreo) es aquel que lleva la paz.

Samuel (Hebreo) oído de Dios.

Saúl (Hebreo). El deseado, el anhelado.

Saulo (Griego). El que es tierno y delicado.

Sefonías. (Hebreo). Dios protege

Sergio (Latín). El que custodia, el guardián.

Teodoro (Griego). El regalo de Dios.

Teófilo (Griego). Amado por Dios.

Tito (Latín). El valiente defensor.

Tobías (Hebreo). El Señor es mi bien.

Tulio (Latín). Destinado a grandes honores.

Valentín (Latín). Fuerte, saludable.

Valerio (Latín). Sano y robusto.

Vicente (Latín). El que vence, el que conquista.

Zacarías. (Hebreo). Dios recuerda

NOMBRES FEMENINOS

Abigaíl. (Hebreo). La que es la alegría de su padre.

Ada (Hebreo). Bella.

Adda (Hada / Hadda) (Hebreo). La que irradía alegría.

Adelaida (Germánico). Princesa noble.

Adriana en Griego significa distinguida.

Agata (Griego). La sublime, la virtuosa.

Ageda (Hebreo). Buena, amable.

Ana / Anna (Hebreo). Tiene la gracia de Dios.

Anaís: variante de Agnes. significa casta, pura, santa.

Antonia (Griego). Hermosa como una flor.

Carla (Germánico). Muy vigorosa.

Casandra (Griego). Que protege a todos los hombres. (Germano) de inigualable belleza.

Catalina (Griego). Pura.

Cristina: viene del Griego y significa la ungida.

Dara (Hebreo). Femenino de Daniel. (Dios es mi juez).

Débora / Déborah / Debra (Hebreo). La que es trabajadora como una abeja.

Daniela: procede del Hebreo y significa Dios me hará justicia.

Edita (Germánico). Rica y poderosa.

Eladía: procede del Griego y significa la que da ánimo.

Elisabeth: viene del Hebreo y se traduce como la que lleva a Dios en su corazón.

Elvira (árabe). La que es princesa.

Emilia (Latín). Trabajadora, audaz.

Emperatriz (Latín). La que es soberana.

Erica o Erika (Germánico). Princesa honorable.

Esmeralda / Esmeralda (Latín). Brillar, destellar. Irradía pureza y esperanza.

Esperanza (Latín). Que confía en Dios, la que espera un cambio para bien.

Estefanía / Stefanía / Stephanie (Griego). Coronada de gloria por la victoria.

Ester o Esther (Hebreo). La estrella del alba.

Eva (Hebreo). La que da vida;

Febe Latín, Phoebe, del Griego derivado de "resplandeciente":

Imelda: deriva del Hebreo y significa Dios escucha.

Inés (Griego). Casta, pura.

Irma (Germánico). Que se consagra a Dios.

Isabel (Hebreo). Dios es mi juramento.

Janet, Jane, Jayne, Janetta, Janette, Janice, Janis, Joan, Joanna, Johanna, Jone, Jan, Jenda, Jana, Jaine, Janie, Janne, Janine, Janka, Janina, Janita, Jansje, Jans, Jaantje, Juana, Jjuanita, Joka (Hebreo). Regalo de Dios

Janina (Hebreo). Gracia

Juana (Hebreo). Llena de la gracia de Dios.

Judith (Hebreo). La alabanza de Dios.

Keren (Hebreo). Abundancia

Keyla: viene del Griego y significa la bella.

Laila (árabe). La hermosa.

Leonarda (Latín). Fuerte y brava como un león.

Leonor (Griego). Fuerte, pero compasiva y misericordiosa. diminutivo: loretta.

Leticia (Latín). La que trae alegría y placer.

Lis (Latín). Hermosa como el lirio.

Lisa. Variante de Elisa, significa juramento divino.

Liza. (Hebreo) devota de Dios,

Marta o Martha (Hebreo). La que reina en el hogar.

Melisa (Griego). Laboriosa como la abeja. se traduce dulce como miel de abeja.

Miranda (Latín). Maravillosa.

Nahama (Hebreo). Dulzura

Nancy: diminutivo inglés y francés de ana. la agraciada.

Naomi (Hebreo). Mi placer

Neftalí (Hebreo). A la que Dios ayuda en la lucha.

Nidía o Nydía (Griego). La que está llena de dulzura.

Obdulia (Latín). La que quita penas y dolores.

Rafaela: viene del Hebreo y significa Dios sana.

Raisa: en idioma guarao significa amiga.

Ramona (Germánico). La protectora que da buenos consejos.

Rebeca (Hebreo). La belleza encantadora.

Rut o Ruth (Hebreo). La compañera fiel.

Salomé (Hebreo). La princesa pacífica.

Sara (Hebreo). La princesa.

Valeria: en Latín se traduce como la que tiene valor.

Verónica: (Griego) y significa mujer victoriosa.

Violeta (Latín). La modesta.

Virginia (Latín). La que es pura, significa virgen.

Yamilet: en árabe significa mujer bella, graciosa.

Yolanda (Latín). La que causa regocijo.

Zahira (árabe). La que ha florecido.

Zahra (árabe). Flor.

Zoé (Griego). La llena de vida.

Zoila: (Griego) quiere decir la muy viva.

www.ingramcontent.com/pod-product-compliance
Lightning Source LLC
LaVergne TN
LVHW010456160826
845677LV00012B/2512

* 9 7 8 9 9 4 5 9 4 4 6 3 1 *